Bouteiller Marie

Le ciel de mon cœur

Le ciel de mon cœur

Le ciel de mon cœur

« *Tu as le droit d'échouer, mais pas d'abandonner.* »

Merci à ma maman de m'avoir dit ces mots
Lorsque j'en avait tant besoin.
Ils résonnent en moi chaque seconde
Et pour toujours.

Le ciel de mon cœur

© 2024 Marie Bouteiller
Édition : BoD · Books on Demand,
31 avenue Saint-Rémy, 57600 Forbach,
bod@bod.fr
Impression : Libri Plureos GmbH,
Friedensallee 273, 22763 Hamburg
(Allemagne)
ISBN : 978-2-3225-6952-6
Dépôt légal : Mars 2025

Partie I

Vie de famille

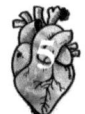

Le ciel de mon cœur

Une vaste représentation

Ma famille est une tragi-comédie
Ils ne sont pas tous de la partie.
Heureusement,
Sinon quel triste dénouement.
Cependant une troupe s'est formée
Avec une quête à mener,
Faire une représentation.
Mais lors de la distribution
Il y a dû y avoir une erreur.
Quelqu'un voulant jouer les auteurs
A sûrement perdu le contrôle
Et mélangé tous les rôles.
Beaucoup semblent vouloir s'attribuer,
Pour se valoriser,
Le rôle de victime
De manière illégitime
À coups de monologues, de tirades
Et de grandes croisades.

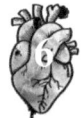

Le ciel de mon cœur

Parmi tous les protagonistes

Ils sont pourtant des antagonistes.

Mais ils aiment jouer la comédie,

Semer la cacophonie,

Pour obtenir simplement

Quelques applaudissements

Et espérer que leurs manipulations tragiques

Attirent l'approbation du public.

Ils n'ont pas compris que leurs actions malsaines

Ne valent pas d'être vues sur scène.

Pourquoi s'embêter à enchaîner les actes

Alors qu'il n'y a aucun impact.

Vous n'êtes pas les héros,

Il est temps de baisser le rideau.

Le ciel de mon cœur

Certains semblent oublier
Les actes innommables qu'ils ont commis
Il y a bien des années.

Voulant se cacher
Derrière des faux-semblants
Pour dissimuler la vérité,

Ils devraient savoir pourtant
Que les masques tombent toujours
Au bout d'un moment.

Leurs vraies personnalités,
Un jour ou l'autre
Finiront par se révéler.

J'assisterai au déclin
De leur mascarade,
En me disant que tout arrive à point.

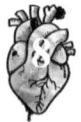

Le ciel de mon cœur

Dans la peau de l'autre

Je ne peux m'empêcher de me demander :
Et si les rôles avaient été inversés,
Si c'était à toi qu'on faisait de la peine,
Ta réaction aurait-elle été la même ?

Aurais-tu pris la défense
Avec autant de véhémence
De la mauvaise personne,
Sans aucune vergogne ?

Si tu le vivais comme une trahison,
Qui aurait raison,
Qui subirait les remontrances,
Et à qui ferais-tu confiance ?

Le ciel de mon cœur

Belles promesses envolées
Laissant une plaie béante.
Mon cœur est abîmé
Par ton acte à tout jamais.

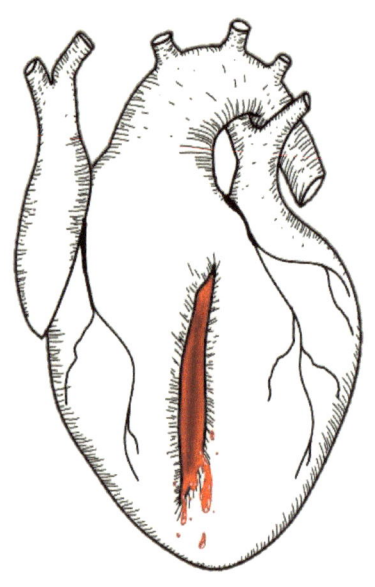

Le ciel de mon cœur

L'hypocrisie

C'est un mal insidieux
Qui s'infiltre doucement,
Avec patience et temps,
Dans un silence malicieux.

C'est un mal qui gangrène,
Qui évolue,
Provoque douleurs absolues
Et vagues de peines.

C'est un mal dommageable,
Un cheval de Troie
Sans foi ni loi,
Aux conséquences irréparables.

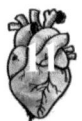

Le ciel de mon cœur

Si on me demandait en quoi je crois,

Je dirais que je crois au karma,

Parce que je sais qu'un jour ou l'autre

Il s'occupera de toi.

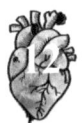

Le ciel de mon cœur

Que se passera-t-il
Lorsque la maison sera vide,
Qu'il n'y aura plus aucun bruit ?
Seuls demeureront
Les photos sur les murs
Et les couches de peinture,
Vestiges du temps qui s'est écoulé
Lentement dans le sablier.

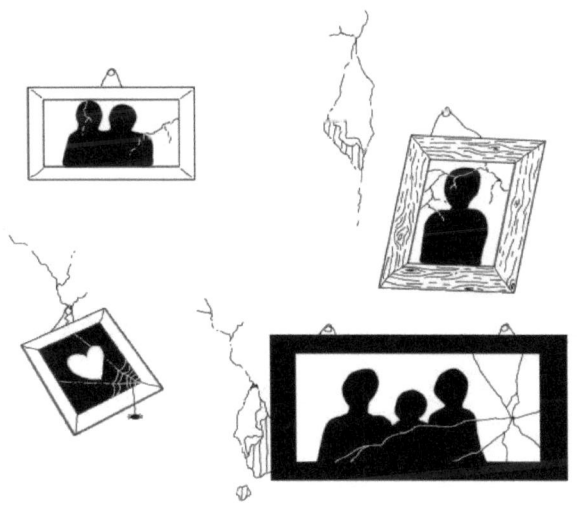

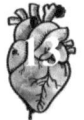

Le ciel de mon cœur

Et puis un jour on grandit

Et puis un jour on grandit,
Les jouets finissent aux placards,
Les sorties entre amis se multiplient,
Il devient difficile de se coucher tard.

Le chemin de l'école devient solitaire,
Les dessins animés sont oubliés,
Le monde ne semble plus si extraordinaire,
Le chocolat chaud devient café.

Toutes les petites choses de l'enfance
Disparaissent en un clin d'œil,
S'envole l'innocence
Dont il faut faire le deuil.

Ne reste que les souvenirs,
Et une douce mélancolie,
Après tout, c'est ça, grandir
C'est ainsi que va la vie.

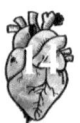

Le ciel de mon cœur

Il peut être difficile
De trouver sa place au sein d'une famille.
Se demander quel rôle on a à jouer,
Dans cet univers particulier.

Viens chez moi...

Si un jour ta maison est remplie de tristesse
De colère et de portes qui claquent,
Viens auprès de moi.
Je te laisserai mon cœur pour en faire ta maison.
Un espace chaleureux et calme,
Dans lequel tu pourras rire et pleurer,
Crier aussi fort que tu le souhaites.
Ensemble, nous bâtirons des murs solides
Pour que tu puisses y vivre tant que tu le désires.
Tu ne seras pas seul,
N'aie pas peur.
Juste à côté de toi tu trouveras
Toutes les personnes que j'ai d'ores et déjà accueilli.
Elles seront là pour t'aider à t'installer,
Et tu deviendras le nouveau membre
De la grande famille de mon cœur.

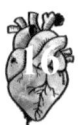

Le ciel de mon cœur

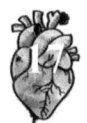

Le ciel de mon cœur

Il y a les liens du sang,

Les liens que l'on tisse,

Les gens que l'on choisit.

Il existe tant de façons

De créer une famille.

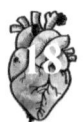

Le ciel de mon cœur

Lorsque mon corps semble aussi usé
Qu'une paire de chaussures trop souvent portée,
Et que je n'ai plus la force d'avancer.
Lorsque mon esprit se perd,
Enfermé dans un brouillard épais,
Et que je ne sais plus où aller...
Lorsque je perds toute assurance,
Sans savoir à qui faire confiance,
Dans ce monde chaotique.

Je sais néanmoins qui sera là,
Tout près de moi,
Pour me soutenir,
Supporter mon caractère,
Et mes tempêtes de colère.
Parce je n'ai pas besoin d'une famille entière
À mes côtés :
Les bonnes personnes suffisent
Pour me consoler.

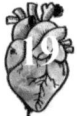

Le ciel de mon cœur

Même s'il y a des disputes entre nous,

Aussi puissantes qu'un ouragan,

Qui emporte tout sur son passage,

Promets-moi une chose :

Peu importe combien de temps,

Si c'est un jour, un mois, une année,

Promets-moi qu'on saura toujours

À reconstruire des fondations solides,

Et faire perdurer

Ce lien pour l'éternité.

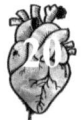

Le ciel de mon cœur

Et quand je lui ai dit que je n'allais pas bien,
Elle n'a pas demandé pourquoi.
Et quand je lui ai confié ma douleur,
Elle n'a pas demandé où j'avais mal.
Et quand je lui ai dit que j'étais perdue,
Elle ne m'a pas prodigué de conseil.

Elle m'a simplement dit que ce n'était pas grave.

Parfois, la seule chose dont on a besoin,
C'est d'un soutien indéfectible,
D'une épaule solide pour pleurer,
Et qu'on nous dise que c'est OK,
D'avoir passé une mauvaise journée.

Les âmes perdues

Je m'accroche à des mirages,

Des illusions perdues,

Des parties d'eux qui n'existent plus.

Les personnes qu'elles étaient

Sont parties à jamais.

Il faut maintenant se réinventer,

Sans leurs présences à mes côtés.

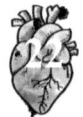

Le ciel de mon cœur

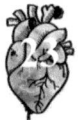

Le ciel de mon cœur

On a grandi ensemble
Traversé la joie, les larmes, les rires,
Et crée des tas de souvenirs.
C'était il y a bien longtemps,
Et nous ne sommes plus des enfants.
Où es-tu maintenant ?
Tu m'as promis d'être là pour moi,
De la même manière que je l'ai été pour toi,
Quand ça n'allait pas.
Car lorsque tu étais au plus bas,
Fatigué de courir parce que tes jambes ne te portaient pas,
Je me suis toujours battue pour toi.
Pourtant, aujourd'hui je n'ai plus de nouvelles.
As-tu oublié ta sœur jumelle ?
Celle qui te vouait un amour inconditionnel.
Tu as sûrement besoin d'espace et de temps,
Afin de créer ta vie comme tu l'entends.
Mais sache que ça fait trop longtemps que je t'attends.

Le ciel de mon cœur

Je n'en peux plus de compter les heures,
Espérant recevoir un message de douceur,
Juste quelques mots pour mon cœur.
Tu m'avais dit que c'était toi et moi face au monde,
Désormais seule avec une blessure profonde,
Je cesse d'attendre que tu me répondes.

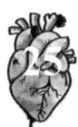

Le ciel de mon cœur

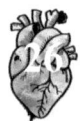

Le ciel de mon cœur

L'écho des cris d'enfants,
Jouant au football sur l'herbe verte,
Résonne encore dans la ville,
Tandis que les passants rentrent chez eux.
La lumière artificielle des lampadaires
Remplace doucement la lueur du soleil,
Qui s'est couché derrière les habitations.
Doucement l'air devient frais
Il est temps de rentrer à la maison.
Le bruit des pneus de nos vélos
Glisse dans les rues désertes,
Les cheveux dans le vent,
Et l'esprit léger, libre.

Le ciel de mon cœur

Une journée à la mer

Tu avais conduit toute la journée
Pour me redonner le sourire.
J'étais remplie de tristesse et tu m'as dit :
« Il est temps d'avancer, viens avec moi »
Je regardais l'horizon,
Me demandant si cela valait la peine,
Quand j'ai aperçu un arc-en-ciel
Et compris que la vie est belle

Tu avais conduit toute la journée
Seulement pour voir le bleu du ciel,
Et marcher sur le sable doux,
Ensemble, tous les trois.
Je regardais les étoiles
Depuis le siège passager,
Et les lumières si vibrantes de la nuit
M'ont redonné l'envie de sourire.

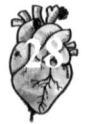

Le ciel de mon cœur

On n'a pas besoin du moindre mot
Pour se comprendre toi et moi
Un simple regard équivaut
À des centaines d'heures de discussion

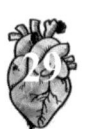

Le ciel de mon cœur

T'arrive-t-il de te poser des questions sur ma vie ?
Où j'en suis,
Qui j'aime,
Qui sont mes amis.

Fais-tu des conjectures sur ce qu'on aurait pu être,
Les sujets de conversations possibles,
Les sorties hebdomadaires,
Les cadeaux qu'on aurait pu se faire ?

Ou bien la simple évocation de mon prénom
Éveille-t-elle en toi une colère sans nom ?

Le ciel de mon cœur

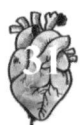

Le ciel de mon cœur

Ma petite étoile

Chaque soir j'espère secrètement
Avec tant de véhémence ne plus voir
Ressurgir l'étoile.
Oser lui parler je n'ai jamais
Laissant s'exprimer sa brillante beauté,
Inexorablement.
Nuée de lumière illuminant la nuit
Eternellement.

J'ai au-dessus de ma tête
Tout là-haut dans le ciel
Une petite étoile qui scintille
J'aurais préféré qu'elle n'y soit pas
Ça voudrait dire que tu es toujours là

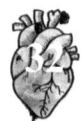

Le ciel de mon cœur

Le ciel de mon cœur

Quoi faire quand mon cœur a mal,

Que ma tête est remplie des mots dits,

Par les langues qui ont trahi

La confiance donnée comme si c'était normal.

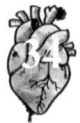

Le ciel de mon cœur

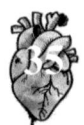

Le ciel de mon cœur

Petite tête blonde

Petite tête blonde dans sa robe jaune
Rêvait d'aventures et de paillettes.
Chaque jour elle riait aux éclats,
Dansait et chantait à tout va.

Petite tête blonde réalisa trop vite
Que le monde est cruel,
Referma sa coquille
Et de s'exprimer elle cessa.

Petite tête blonde grandi alors
Sans aucunes couleurs.
Prisonnière d'un monde gris,
Sans aucunes saveurs.

Petite tête blonde en eu assez
De faire comme les autres,
Et décida de briser et de se libérer
De ses chaînes ancrées.

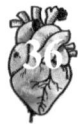

Le ciel de mon cœur

Petite tête blonde devenue grande
Retrouva toute sa ferveur,
Remis dans sa vie un arc-en-ciel de couleurs
Et redécouvrit le monde autrement.

Petite tête blonde rêve désormais
De partager ses pensées,
Avec le monde entier
Afin de le colorer.

Le ciel de mon cœur

Combien ?

Combien de temps vais-je encore me demander
Si tu me vois réellement ?
J'ai l'impression grandissante
D'être une simple pièce rapportée,
Un élément secondaire,
Un figurant relégué au second plan.

Combien de temps vas-tu me laisser croire
Que je compte tant pour toi,
Alors que tu ne le montre pas ?
Pas un jour ne passe
Sans que je me demande ce que tu attends de moi,
Si je suis suffisante pour faire partie de ta vie à cent à l'heure.

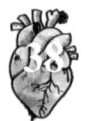

Le ciel de mon cœur

Combien de temps te faudra-t-il vraiment ?

Combien de poèmes encore,

Pour comprendre que j'ai besoin de ta

présence,

De ton soutien sans conditions,

Et de ton amour fraternel,

Pour me sentir entière.

Le ciel de mon cœur

D'une méchanceté sans failles tu as fait preuve,
Débitant des mensonges en cascades
Pour justifier ton comportement.

Je me suis résignée finalement,
Car tu as choisi de creuser toi-même
Une tombe de solitude et de mauvaise foi.

C'était de ton ressort,
De faire preuve de maturité,
Et d'entamer la conversation.

Tu en a décidé autrement,
Préférant proliférer des élucubrations
Pleines de violences et ressentiments.

Finalement je te plains.
Car dans toute ton histoire inventée,
Tu n'auras jamais une fin de conte de fées.

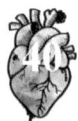

Le ciel de mon cœur

Vivre vite et fort

Irrésistiblement

Cette vie cabossée

Trouver son identité

Oser dévoiler sa personnalité

Réparer son âme à jamais

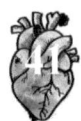

Le ciel de mon cœur

Il n'existe pas de famille parfaite,

Pas même dans les plus beaux films.

Car derrière les portes fermées à double tour,

Des secrets de famille se tissent,

Lentement, sournoisement,

Emprisonnant tous les membres un par un,

Sans pouvoir s'en défaire.

Sous prétexte de traditions désuètes,

Des ambitions se transmettent,

Et des histoires de vies se répètent,

Inlassablement

Lors du repas dominical

Alors que chacun fait semblant,

Un sourire figé, le cœur absent.

Mais puisqu'il faut faire plaisir

Aux âmes anciennes,

Ne pas les brusquer

Avec une once d'honnêteté,

Je continuerais de lever mon verre,

Et de trinquer à cette comédie

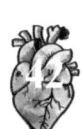

Le ciel de mon cœur

De la famille parfaite.

Ma guerrière légendaire

Un jour j'écrirai une histoire légendaire,
Celle de ta vie.
Tout ce que tu as dû traverser :
L'amour, les joies, l'Enfer,
Et je sais que je ne raconterais pas seulement
Les moments heureux
Car la vie ne t'a pas épargnée.

Un jour j'écrirai une histoire légendaire,
Sur celle que tu es.
J'aurais tant de choses à dire,
Car tu as une force que j'envie.
Une force de résilience,
Une combativité face à cette vie
Qui a oublié d'être clémente.

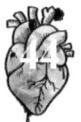

Le ciel de mon cœur

Vous voir grandir
Perce des trous dans mon cœur
De grande sœur.
Et je sais que le monde est ainsi fait,
Que je ne pourrais pas vous protéger
De tous les malheurs.
Mais je serai toujours là
Pour vous aider à traverser
Les tempêtes qui se présenteront
Sur la route de votre vie.

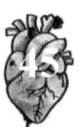

Mémoire effacée

Précautionneusement
J'essaie de me remémorer
Les bons instants passés ensemble.

Mais de la même manière qu'il est laborieux
De taper sur une machine à écrire pour la première fois,
Ma mémoire me joue des tours.

Je n'ai que des bribes de moments,
Des broderies de souvenirs pleines de trous,
Et aucuns n'est heureux malheureusement.

Seules me reviennent tes blagues ésotériques,
Tes crises de colère, tes remarques douteuses,
Et tes discours moralisateurs.

Alors que nous n'étions que tes enfants,
On avait toujours le sentiment de devoir

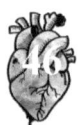

Le ciel de mon cœur

mériter ton amour,

Et qu'il fallait atteindre la perfection de tes ambitions déchues.

Des années plus tard ne reste plus rien dans ma mémoire

Concernant le rôle que tu aurais dû jouer,

Une façon pour mon cerveau de me protéger.

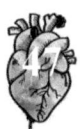

Le ciel de mon cœur

On ne se montre sûrement pas suffisamment
L'amour que l'on se porte.
Ne sachant pas toujours se dire « je t'aime »
De la plus simple des façons.

Les mots ne sont pas si simples à prononcer,
Alors par de petites attentions
Et des bons conseils,
Nous exprimons nos sentiments.

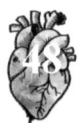

Le ciel de mon cœur

Les fragments de ma vie
Dont je ne voulais pas garder de traces,
Faisaient irruptions sans cesse dans mon esprit
Tels des murmures maléfiques.
Des maux douloureux ancrés dans ma tête,
S'exprimant en un refrain incessant
Perturbant mon existence,
Et me rendant à fleur de peau.
Il m'a fallu attendre le bon moment,
Pour que de ma bouche sorte le son
Des mots qui me tourmentaient,
Et qu'enfin je retrouve la sérénité.

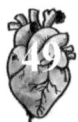

Le ciel de mon cœur

Espère encore

Retrouver ta voie sur les rails

Wagons de la vie attendent toujours

Au quai de ton existence

N'hésite pas, grimpe dedans

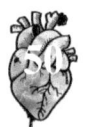

Le ciel de mon cœur

Lorsqu'une tempête viendra nous éprouver,
Nous nous battrons contre vents et marées
Pour maintenir à flots le navire familial.
Nous écumerons les mers les plus ardues,
Transpercerons les plus gros orages,
Jusqu'à retrouver le calme de l'océan.

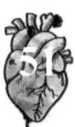

L'enfant miroir

Il m'est arrivé de ressentir la pression
De devoir être à tout prix à la hauteur,
La fille parfaite,
Faisant tout ce qu'on attend d'elle.
Une enfant sans problème,
Dont on n'a pas besoin de se préoccuper
Tant elle respire la joie de vivre.

Une enfant ayant le sentiment
De devenir invisible,
Et devenant incapable
D'exprimer sainement ses sentiments.
Finissant par se faire mal,
Avec l'espoir malheureux
Qu'elle attirera l'attention.

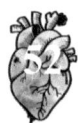

Le ciel de mon cœur

Un corps devenu miroir

De son âme,

Cassé par cette pression

Qu'elle croyait venir des autres.

Mais qui venait en réalité

De son esprit tourmenté

Par ses maux intérieurs non exprimés.

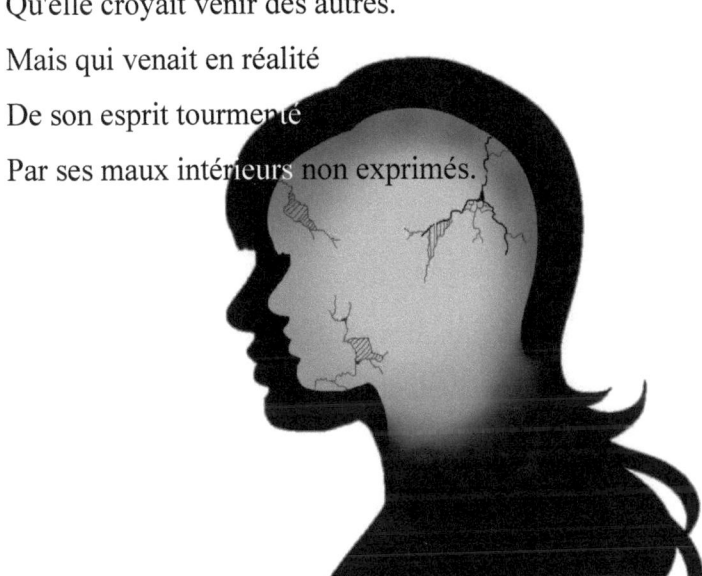

Le ciel de mon cœur

Dans le parc de mon enfance

Se trouve un très bel arbre,

Un saule pleureur.

Près des airs de jeux,

Il trône tel un géant

Veillant sur les enfants.

Et je me souviens

Combien il était rassurant

De se cacher dessous,

Parmi les feuilles tombantes.

Et le sentiment de protection

Qui m'envahissait chaque fois,

Cette impression profonde

D'entrer dans un monde différent,

Où je me sentais en sécurité.

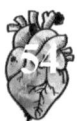

Le ciel de mon cœur

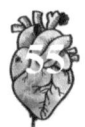

Le ciel de mon cœur

Autour d'une table ronde,
Assis en faisant semblant d'ignorer
Les bruits extérieurs,
En jouant avec des cartes de couleurs.

Le temps passe,
Les cris aussi.
Puis vient le temps de la nouvelle,
Le départ du père.

Les réactions de joie fusent,
Contrairement à celles attendues.
Car cette annonce est le signe
Du début de la guérison.

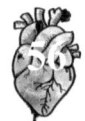

Le ciel de mon cœur

Le ciel de mon cœur

Sur une balançoire, virevoltant,
Le vent doux dans les cheveux,
J'oublie la réalité et semble voler
Vers le ciel bleu et le soleil rayonnant.
Me sentant comme une plume légère,
Libre comme l'air.

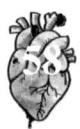

Le ciel de mon cœur

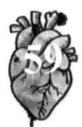

Le ciel de mon cœur

Evolue lentement

Ma petite sœur grandissante

Mais surtout n'oublie jamais

Aime toi autant que tu es aimée

Le ciel de mon cœur

Jour d'anniversaire,
Nous prenons la route pour la mer.
Un groupe de quatre filles,
Heureuses que le soleil brille.
La musique résonne dans l'habitacle,
Et l'on admire le spectacle
Offert par l'horizon,
Offrande de l'univers dont nous profitons.
Et lorsqu'enfin après tout ce temps,
Devant nos yeux se dévoile l'océan,
Un sentiment de bonheur
Envahi nos cœurs.

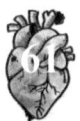

Le ciel de mon cœur

J'admirais la puissance du ciel,

Lors d'une douce soirée d'été

Quand les nuages grondaient

Et qu'apparaissaient des éclairs colorés.

L'odeur de la pluie

Envahissait la ville,

Jusqu'au moment où s'abattaient les trombes

D'une eau tiède sur la nuit.

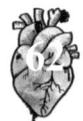

Le ciel de mon cœur

J'aime ta façon d'écouter

Une âme en peine

Lui prêtant une épaule

Instantanément

Et prodiguant de bons conseils

N'importe quand

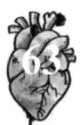

Le ciel de mon cœur

Nos conversations à table,
Cafés à la main
Me manqueront quand viendra
Le temps pour moi de quitter la maison.

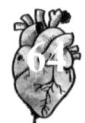

Le ciel de mon cœur

Regarde comme tu es fort

Alors que tu as été abîmé

Par une vie compliquée

Habité par un courage puissant

Armé d'une résistance

Eclairant chaque jour

Le chemin de ton existence

Le ciel de mon cœur

Arrivée de manière improbable
Lorsqu'on ne s'y attendait pas
Il était sûrement écrit quelque part
Comme un signe du destin
Indéfectiblement tu es devenue
Alliée dans notre famille

Le ciel de mon cœur

Ça me rend triste,
Même si je sais que c'est la vie,
De savoir que chacun construit sa propre vie.

Le ciel de mon cœur

Une nouvelle abrupte, dévastatrice,
Balayant tout sur son passage.
L'annonce de la perte d'un être cher,
Bouleversant des vies entières.

Rien n'aurait pu présager
Un tel cataclysme,
Ouvrant une plaie béante
Qu'il faudra des années à refermer.

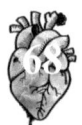

Le ciel de mon cœur

Le chant des oiseaux au petit matin,
Le vent qui souffle dans les arbres,
L'odeur de la pluie en été,
Les feuilles rougissantes à l'automne,
Les animaux sauvages,
Les étendues d'eau,
Le soleil couchant.

Tout ça me ramène à toi,
Car c'était toi.
Ce que tu aimais,
Ce que tu étais.
Et je sais que pour toujours
Je ne cesserais de regarder la nature
Pour te sentir un peu près de moi.

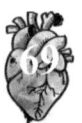

Le ciel de mon cœur

La tristesse m'envahit,

La peine me submerge,

La colère me ronge,

Face à l'immensité de ton absence.

Les mots me manquent parfois,

Les larmes coulent sans cesse sur mes joues.

Mon cœur se serre en pensant à toi,

Car tu n'es plus là.

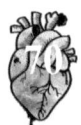

Le ciel de mon cœur

J'ai regretté des mots que j'ai pu écrire,
Lorsque je me suis laissé envahir par la colère
En pensant à l'avenir
D'un amour que je savais sincère.

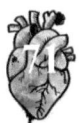

Le ciel de mon cœur

Mon esprit embrumé

Par les actes odieux

De personnes mal attentionnées,

Ne sachant pas mettre des vieilles rancœurs

Dans des coffres scellés.

Préférant s'enfoncer dans la laideur,

Et l'inhumanité.

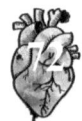

Le ciel de mon cœur

J'ai fait un rêve il y a peu,
Tu étais là.
Je ne me rappelle pas comment tu t'es retrouvé
face à moi,
Mais je me souviens du bien qui m'a envahie
Lorsque mon regard s'est posé sur toi.

Je n'oublierai pas ton regard si intense,
Et les larmes sur tes joues
Quand tu as exprimé
Combien tu avais aimé être à mes côtés,
Et qu'un « je t'aime » tu as prononcé.

Je ressens encore la douceur de tes cheveux,
Lorsque je t'ai enlacé une dernière fois,
Alors que je n'avais pas pu te dire au revoir.
Ce rêve fut un cadeau,
Ce fut mon au revoir à toi.

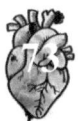

Le ciel de mon cœur

Reprendre le cours de sa vie est compliqué
Lorsque l'impression qu'il manque quelqu'un est incessante,
Et les rêves douloureux persistants.

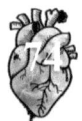

Le ciel de mon cœur

Finalement, lorsque je pense à toi je t'imagine

Regardant vers la Terre

Admirant couleurs de la vie et

Nuées d'oiseaux rares

Contemplant chaque jour

Inlassablement

Soleil et lune éternellement

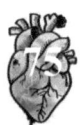

Le ciel de mon cœur

Ai-je fait quelque chose de mal

Pour que tu prolifères de telles paroles

À mon encontre ?

Ou ta vie est si peu trépidante,

Qu'il te faille par n'importe quels moyens

Salir celle des autres.

Les ruines solitaires de ta vie

Ne seront pas des remparts

À la construction de mon avenir.

J'ai d'ores et déjà traversé des tempêtes,

Ça n'est pas ta petitesse

Qui causera ma perte.

Le ciel de mon cœur

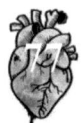

Tu es le soleil

Il se peut que tu aies le désagréable sentiment
Que ton cœur a été brisé en mille morceaux,
Comme fracassé tel une météorite traversant
l'atmosphère
Par une nuit étoilée.
Cependant tu n'es pas détruite pour autant.
Tu traverses en ce moment,
Une tempête des plus rudes.
Ton esprit est tourmenté par des torrents de
pensées,
Pleines de tristesse, de mélancolie et de colère
Qui te submerge toujours plus.
Sache une chose,
Il n'appartient qu'à toi
D'utiliser ces flots et poussières pour te
reconstruire.
Tout cela fait partie de toi maintenant,
Mais ça ne te définit pas.
Contrôler cette tempête, recoller les morceaux,

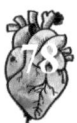

Le ciel de mon cœur

Ne sera pas chose facile.
Pourtant je sais que tu y arriveras,
Car tu fais preuve chaque jour d'une force
incroyable.
La lumière que tu portes en toi
Est comme le soleil après l'averse,
Radieux et puissant.
Et je sais que bientôt,
Le soleil brillera à nouveau.

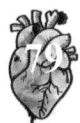

Qui suis-je ?

Jeune enfant rêveuse et créative,

Pleine d'espoirs et de joies,

Devenue femme angoissée

Par un monde chaotique,

Ne perdant pas tout de même

Foi en l'humanité.

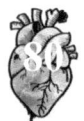

Le ciel de mon cœur

Partie II

Écris l'espoir

Cercle vicieux

Un esprit emprisonné
Dans un cercle vicieux,
Semblant impossible à briser.

Tentatives infructueuses,
Essayer encore et encore,
Pour réussir à être heureuse.

Je n'ai pas encore trouvé la bonne manière
Mais je continuerai cent fois,
Jusqu'à trouver comment faire.

Le ciel de mon cœur

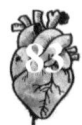

Crise d'angoisse

Chaque jour qui passe est une épreuve, une angoisse,
Je donnerai n'importe quoi pour échanger ma place.

Je ne veux plus avoir à ressentir,
Cette sensation que je sens me parcourir,

Un frisson des plus glaçant,
Qui vient geler mon sang,

M'empêchant de respirer,
Parler et même bouger.

Une boule grossissant dans mon corps,
Se nourrissant de mes plus grandes peurs,

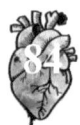

Le ciel de mon cœur

Quelque chose d'atroce,
Qui me fait penser à une bête féroce.

Un sentiment qui envahit mon esprit,
Dès qu'il en a envie.

J'aimerais tellement qu'il me laisse tranquille,
Avoir le pouvoir de le laisser sur une île,

Ne pas le voir revenir,
Et pouvoir penser à mon avenir.

Ma douleur

Avoir mal c'est ne plus pouvoir bouger
Être incapable du moindre mouvement
Sentir sa respiration se couper
Et être envahie par ses sentiments.

Avoir mal c'est ressentir une douleur immense
Au plus profond de son cœur,
Une peine des plus intense
Mais aussi beaucoup de peur.

Avoir mal c'est ne plus être maître de soi,
Ne plus voir l'amour
Et croire qu'on a plus le choix
Même si on l'a toujours.

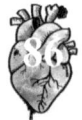

Le ciel de mon cœur

Avoir mal c'est vouloir dire au revoir
Tout abandonner,
Se dire qu'il n'y a plus d'espoir
Personne à qui manquer.

Avoir mal c'est finir d'avoir honte
Et oser remonter
Lorsqu'on se rend compte
Combien on est aimé.

Avoir mal c'est continuer de se battre
Ne plus craindre de tomber
Parfois finir à quatre pattes,
Mais se relever et avancer.

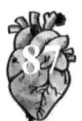

Salle 002

La seule pièce où je me sentais bien,
Entre les murs de l'établissement
Où je sentais la peur s'éloigner au loin,
Et je passais un bon moment.

J'attendais avec impatience
Les cours de français,
Ne souhaitais pas avoir d'absences,
Et ne voyais pas le temps passer.

Je me souviens de Molière,
De conjugaison et poésies.
Les dissertations à n'en savoir que faire,
Tous ces cours sont gravés dans mon esprit.

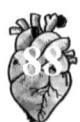

Le ciel de mon cœur

Le temps passé dans cette salle de classe
Parmi les exposés et tables gravées,
Faisait disparaître mes angoisses
Même pour une courte durée.

Le collège était une prison,
Et cette salle un instant de légèreté,
Seul moment où je ressentais le doux frisson
De la liberté.

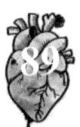

Les portes de l'Enfer

Se réveiller chaque matin
En espérant que tout ira bien
Puis sentir cette douleur qui semble sans fin,
Qui se répète tel un refrain.

Essayer de ne pas y penser,
Se dire qu'on peut y arriver
Mais ne pas réussir à bouger
Lorsqu'il faut se lever.

Poser un pied à terre
C'est se rapprocher de l'enfer
Un endroit où je n'ai pas de repères
Où je me sens privée de mon air.

Sortir de la maison
En regardant vers l'horizon

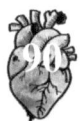

Le ciel de mon cœur

Faire chaque pas à reculons
Pour aller vers cette prison.

Avoir le cœur qui balance
Ressentir cette ambiance
Et regretter son enfance
Qui était sans violence.

Passer les portes de cet espace
Sans savoir où est sa place
Puis refermer sa carapace
Pour ne pas montrer ses angoisses.

Avoir peur de le dire,
De l'écrire,
Et de ressentir,
Même si cela nous fait tant souffrir.

Se cacher dans le noir,
S'enfoncer un peu plus dans le désespoir,

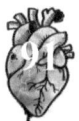

Le ciel de mon cœur

Perdre totalement espoir,
De ne jamais voir changer l'histoire.

Être dans un océan d'émotions,
Qui semble toujours plus profond,
Se noyer dans la dépression,
Jusqu'à toucher le fond.

Puis un jour trouver la force de remonter,
De se battre et d'affronter,
Ce passé qui nous a tant blessé,
Pour enfin réussir à avancer.

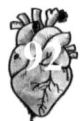

Le ciel de mon cœur

Ligne 6

Bus rempli d'inconnus aux destins liés,
Juste le temps d'un trajet.
Un regard se démarque de la foule,
Une aura magnétique se crée,
Entre deux âmes anonymes.
Un lien fait d'histoires utopiques,
Se tisse entre deux étrangers,
Puis se rompt brutalement,
Lorsque le bus marque l'arrêt.
Ça n'était qu'un conte de fées,
Un simple interlude,
Entre deux âmes égarées,
Un amour passager.

Mascarade

Le lycée est une pièce de théâtre,
Une vaste représentation.
Masques et costumes,
Sortis pour l'occasion.
Parmi tous ces acteurs en devenir,
Il reste encore quelques âmes
Incapables de jouer un rôle,
Et la meilleure chose qui pourrait arriver,
C'est de réussir à les trouver.

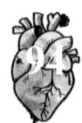

Le ciel de mon cœur

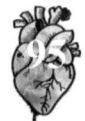

Le ciel de mon cœur

Désespoir

Dans cette pièce sombre,

Allongée sur le parquet froid,

Je regarde le vide,

J'attends la réparation de mon cœur brisé,

Pour m'aider à arrêter de pleurer.

Des larmes coulent le long de mes joues,

Je voudrais crier si fort,

Quitter cet endroit,

M'échapper de ces murs,

Et de ce nuage si sombre.

Ma douleur est réelle,

Ma peine si intense,

Et mon âme détruite,

Ma vie est maintenant une guerre intérieure,

Entre chaque partie de mon être.

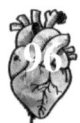

Le ciel de mon cœur

Respire

Les pensées embrument mon esprit,
Un brouillard de plus en plus vif,
Qui m'empêche de réfléchir.
Je ferme les yeux,
Puis prend une profonde inspiration,
L'air frais pénètre mes poumons,
J'expire.
Avec cet air pollué s'évacue,
Ces pensées intrusives et néfastes,
Le calme revient,
Et avec ce dernier, le silence.

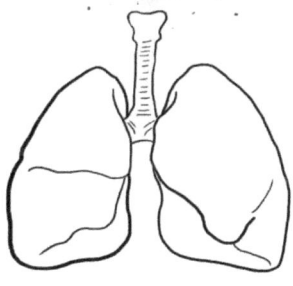

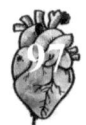

H24

Mon cœur balance

Tout voir ou rester dans l'ignorance.

Le monde extérieur

Nourri mon intérieur.

Sentiment anxiogène,

D'un cerveau qui rêve d'oxygène.

Tous les jours des mauvaises nouvelles,

Comment croire que la vie est belle ?

Un monde effrayant,

Fait d'événements palpitants,

Mélange de terres brûlées,

Et paysages colorés,

Dans un monde rempli de malheurs,

J'essaie de préserver mon bonheur.

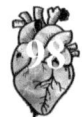

Le ciel de mon cœur

Le ciel de mon cœur

Introspection

Rechercher à l'intérieur de soi
Ce qui doit être changé,
Pour ne pas répéter mille fois
Les erreurs du passé.

Un processus compliqué,
Intense et douloureux,
M'attend afin d'avancer
Le long de ce chemin tortueux.

Mon âme d'enfant

Trop occupée à me demander ce que les autres pourraient penser,
Je n'ai pas pris assez soin de toi.
Perdue dans des questionnements interminables,
Des conjectures improbables,
N'aboutissant qu'en croissantes angoisses.

Incapable de comprendre que c'est à toi que je faisais le plus de mal,
Toi qui as toujours été là pour moi,
Toi qui m'as permis de m'émerveiller de tous petits riens,
De voir le monde plus beau et plus grand,
Toi qui n'as eu de cesse de croire en moi.

Toi et moi sommes unis,
Je suis toi et tu es moi.

Le ciel de mon cœur

J'apprends tous les jours à réparer mes erreurs,
Pour te soigner,
Mon âme d'enfant.

Je veux revoir le monde comme tu le voyais,
Fait de mille couleurs.
Sans toi je n'y parviendrais pas,
Parcourons ce chemin ensemble main dans la main,
Et nous verrons bien où cela nous conduira.

Le ciel de mon cœur

Quand je serai grande

Adulte en devenir,

Mais plus une enfant,

Je suis à la croisée des chemins

Où chaque décision compte.

Comment trouver la bonne direction,

Lorsque rien n'est indiqué ?

Aucune boussole à l'horizon,

Permettant de me guider.

Je ne veux pas marcher sur les pas

De ceux passés avant moi,

Mais laisser ma propre empreinte,

Et tracer ma voie.

À la dérive

On croit souvent
Que lorsque la vie nous joue des tours,
La peine que l'on ressent
Et la douleur dureront toujours.
Tous les bons sentiments,
Comme la joie et l'amour
Ne sont plus présents,
Dans le monde qui nous entoure.

On ne ressent que tristesse et regrets,
Quand on revoit ces images,
Ce que l'on croyait parfait
N'était qu'un mirage.
Alors on repense à qui on était,
Avant que se brisent les rouages
Du bateau qui flottait
Nous emportant sur le rivage.

Tu me manques

Lorsque je sens mon cœur qui bat,
Si fort, si fort,
Dans ma poitrine là.

Lorsque je vois que le monde,
Tourne, tourne,
Devant moi.

Lorsque dans ma main,
Je ne sens plus tes doigts,
Je me demande comment je peux continuer à vivre sans toi.

Le ciel de mon cœur

Le chemin

Ne ressentir que peur et douleur,
Rêver rien qu'un instant
D'arracher son cœur,
Pour ne plus avoir à survivre à ses sentiments.

Quand on est au plus bas,
Chaque effort semble surhumain,
On se demande si on fait le bon choix,
Et se questionne sur son destin.

Puis lorsqu'enfin on avance,
Le long de cette route sinueuse,
On pense à la chance
Qu'on a de ne plus être aussi malheureuse.

Le ciel de mon cœur

En chemin on réapprend à rire,

Découvre à nouveau la joie,

En laissant la peur mourir,

Pour pleinement apprécier le fait d'être là.

Le phénix

J'ai chuté de nombreuses fois,
Et pensé que jamais je ne me libérerais de mes chaînes,
De ces entraves qu'ils m'ont accrochées,
Pour m'empêcher de voler.

J'ai donné ma confiance et tout ce que j'avais,
Car je ne pensais pas que ces gens étaient mauvais,
J'avais tort et ils m'ont brisé,
Ils m'ont trahi, menti.

Jouant avec moi en toute impunité,
Ils pensaient s'en sortir,
Après m'avoir complètement détruite,
Réduite à néant.

Le ciel de mon cœur

Mais aujourd'hui je les remercie,

Car ça m'a permis de m'enfuir,

Quitter cette prison,

Voler vers de nouveaux horizons.

Tel un phénix,

J'ai appris de mes erreurs,

Je déploie enfin mes ailes,

Et vole vers un avenir meilleur.

J'aurais aimé

Il y a tant de choses que je regrette.
Des paroles jamais dites,
Des phrases interdites,
Des pensées gardées secrètes.
J'aurais aimé les dire plus tôt,
Qui sait, cela aurait sans doute rendu mon monde plus beau.
Mais même si le passé ne peut pas être changé
Ça n'est pas pour autant qu'il faut l'oublier.

Il y a tant de choses que je regrette.
Des écrits incomplets,
Des histoires inachevées,
Des rêves laissés aux oubliettes.
J'aurais aimé les réaliser,
Qui sait, cela aurait sans doute rendu à ma vie un peu de joie.

Le ciel de mon cœur

Mais même si l'on n'a pas fini son histoire
Ça n'est pas pour autant qu'il faut perdre espoir.

Il y a tant de choses que je regrette.
Des sentiments enfouis,
Des non-dits,
Des prises de tête.
J'aurais aimé que cela se passe différemment,
Qui sait, cela aurait sans doute rendu les choses autrement.
Mais même si l'on semble perdu
Ça n'est pas pour autant qu'il faut s'avouer vaincu.

La mélodie du malheur

Pendant des années j'ai lutté,

Cachée mes sentiments pour paraître forte

Mais au fond de moi je n'étais qu'un fantôme,

Un cœur et une âme brisée en mille morceaux.

Comme un miroir sans teint,

Personne ne pouvait voir

Combien j'étais en colère et triste.

La peur et la solitude

Me consumaient jusqu'aux os,

J'avais envie d'être intrépide

Pas angoissée et désespérée.

Assise sur le sol

Je sentais au fond de moi,

Une vague submersive

D'émotions de plus en plus noires.

Je voulais faire disparaître

Toutes ces ombres en moi,

Arrêter d'y penser

Mais mon cerveau ne cessait de jouer

Ces partitions maudites

Sans jamais s'arrêter.

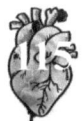

Mémoire indélébile

Je ne peux m'empêcher
De garder en mémoire
Les visages de tout ceux
Qui m'ont un jour tourmenté.
Je sais pourtant
Qu'aujourd'hui ils ont changé,
Du moins je l'espère.
Mais mon esprit a conservé,
Leurs images figées
Comme de petites photos
Dans un album rangé,
Jaunissant au fil du temps.
Je ne reste néanmoins
Pas bloquée dans le passé.
Simplement,
Lorsque j'aperçois
Un visage connu
Cela me ramène

Le ciel de mon cœur

Dans les cours de récré.
Comme quoi malgré tout,
Le cerveau conserve encore
Les stigmates d'autrefois.
Blessures indélébiles,
À jamais dans ma tête, là.

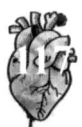

Deuil intérieur

Maintenant que j'ai déconstruis
Toutes les pensées de mon esprit,
Qui vidaient toute mon énergie
Et faisaient de moi celle que je suis.

Je dois maintenant trouver
Ma réelle identité,
Celle qui était cachée
Derrière un masque depuis tant d'années.

J'entame un processus de deuil intérieur,
Maintenant que je n'ai plus peur
Je retrouve enfin la lueur
Qui illuminait mon cœur.

Jeu d'enfant

Petite pièce d'histoire,
Je suis mêlée entre joie et tristesse lorsque je te revois.
Tu portes sur toi des centaines de petits instants,
Des rires, des pleurs d'enfant,
Marques de feutres et œil tombant,
Vestige d'un ancien temps.
Je retrouve la sensation de lorsque j'étais enfant,
Un sentiment de sécurité et d'apaisement,
Quelque chose de rassurant,
Quand je te tiens dans mes bras.

Suivre sa route

Insignifiante et minuscule
Je me sentais comme un grain de sable,
Petite chose méprisable
Qu'on écrase sans scrupules.

Avec la peur grandissante
De ne jamais être à la hauteur,
S'ajoutait en chœur
Des voix assourdissantes.

Je rêvais chaque nuit
D'une histoire d'amour immarcescible,
Et d'amitiés indestructibles
Seules choses dans mon esprit.

Le ciel de mon cœur

Je voulais faire partie de ces filles
Sur lesquelles on écrit des livres,
Avec un parfum qui enivre
Et des milliers d'amis sur leurs profils.

Dans ce monde morose
J'ai fini par accepter,
Que rien ne pourra changer
Si jamais on ose.

J'ai eu cesse d'avoir envie
De calquer mon identité
Pour enfin commencer
Le dessein de ma propre vie.

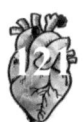

Lâcher prise

À vouloir tout contrôler plus rien n'a de sens,
Nos actions, nos mots,
Sont embrouillés, emmêlés,
Impossible de s'y retrouver.

Tellement concentrée pour ne pas lâcher
Ni la joie, ni l'espoir, ni rien d'autre,
À force de trop serrer,
Tout fini par se briser.

Il faut apprendre à lâcher prise,
Et laisser les choses se dérouler,
Voir les imprévus,
Les accepter et avancer.

Le ciel de mon cœur

Carrousel

Tourne, tourne,
Dans mon esprit,
Des rouages bien huilés,
Alimentés par des pensées intrusives,
M'empêchant d'atteindre les bras de Morphée.

Tourne, tourne,
Grand carrousel,
Manège bien rodé,
Dont je n'ai pas encore trouvé la clé,
Permettant de te stopper.

Tourne, tourne,
Encore et toujours,
Je suis maintenue éveillée,
Par le bruit perpétuel,
De tes discours éternels.

Le ciel de mon cœur

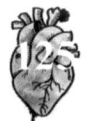

Prendre son envol

J'utilisais jusqu'alors

Les ailes des autres

Pour me porter,

Tout en espérant

Qu'ils n'allaient pas me lâcher.

Mais, à leurs yeux

Je n'étais pas grands choses

Un simple fardeau

Dont il fallait se débarrasser.

La chute fut vertigineuse,

Et l'atterrissage laborieux.

Mais cela m'a permis de comprendre

Qu'il vaut mieux être seule

Qu'avec les mauvais gens.

J'ai réalisé

Après tout ce temps

Que j'étais capable de voler.

Pour cela il suffisait simplement

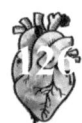

Le ciel de mon cœur

Que j'abandonne le confort
De ma vie d'avant.

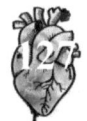

Le ciel de mon cœur

Les monstres

Les monstres les plus dangereux

Ne sont finalement pas ceux

Contés dans les livres pour enfants,

Ou dans les cauchemars les plus effrayants,

Mais ceux qui se trouvent,

D'ores et déjà,

Parmi nous,

Derrière les portes, là.

Le ciel de mon cœur

Ma voix

Il fut un temps
Je n'osais pas parler,
Je craignais d'affronter
Le regard des autres
Et leurs pensées.
Aujourd'hui j'utilise mes mots,
Tout ce que j'ai emmagasiné
Pour communiquer
Avec le monde entier.
Écrire est devenu mon sanctuaire,
Un instant de plaisir
Et faire entendre ma voix
Est maintenant mon combat.

Le ciel de mon cœur

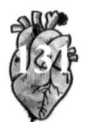

Ton absence

Ton absence

N'est pas un poids pour moi.

Tu as ruiné trop d'instants avec ta violence,

Installé de la peur que je n'avais pas.

Tu n'es qu'une partie de mon ADN,

Rien de plus.

Je pensais ressentir une immense peine

Lorsque de ma vie je t'ai exclu.

Le ciel de mon cœur

Ton absence
N'est pas un manque pour moi.
Ce fut pour moi une délivrance
De pouvoir m'éloigner de toi.

Tu n'es qu'un souvenir de mon passé,
N'ayant pas sa place dans mon présent.
Tu n'es qu'un nom partagé,
Seul lien entre nous deux subsistant.

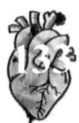

Le ciel de mon cœur

Nuit blanche

Il est 1h37,
Je pense à toi.
Comment pourrais-je dormir
Sans que tu sois près de moi.

Il est 4h28,
Je n'y arrive pas.
L'étreinte de tes bras me manque,
Car tu n'es pas là.

Il est 7h54,
Tu n'avais pas le droit
De me laisser seule dans le froid,
Je sais pourtant que tu ne reviendras pas.

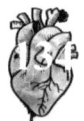

Le ciel de mon cœur

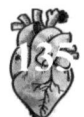

Remonter à la surface

Sentiment de sombrer

Dans les eaux toujours plus profondes

De l'adversité.

La chute est rude,

Et je me demande

Quand cela va s'arrêter.

J'ai beau me battre

Pour essayer de remonter,

Je suis prise dans un tourbillon

Qui ne fait que me repousser.

La bataille est perdue,

Il faut se résigner,

Mais il me reste toujours

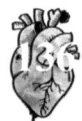

Le ciel de mon cœur

La guerre à remporter.

La lettre

Distorsion de la réalité

Pour l'adapter au gré

De tes illusions et fantaisies.

As-tu bien réfléchi

Lorsque tu as écrit

Ces mots d'une violence inouïe ?

Il t'aura fallu quatre pages

Et pas une once de remords,

Beaucoup de lâcheté aussi

Afin de déposer ce courrier maudit.

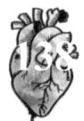

Le ciel de mon cœur

Le ciel de mon cœur

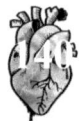

L'amour c'est quoi ?

L'amour est un élixir
L'amour est difficile à maintenir
L'amour inspire
L'amour ne doit pas faire souffrir
L'amour est l'avenir
L'amour peut se ternir
L'amour est dur à obtenir
L'amour peut être un souvenir

Le silence

Durant la nuit sombre,
Seule règne le mugissement lugubre
Du vent soufflant en trombes.

Pour une fois,
Il m'est impossible d'entendre
Mes pensées et leurs voix.

Je ne rêve pas, c'est réel
Ma tête est dégagée
Et la nuit promet d'être belle.

Ce silence inhabituel m'effraie un peu,
Mais je dois en profiter
Alors je respire et je ferme les yeux.

Le ciel de mon cœur

Je remercie ma tête pour cette trêve,

Et perd notion du temps

Lorsque j'arrive au pays des rêves.

Avancer

J'ai enfin réussi à mettre des mots
Sur un passé qui me hantait.
Un passé trop longtemps gardé
Dans les tréfonds de mon cerveau.

Je laisse désormais derrière moi
Tous ce qui me faisait peur,
Je quitte cet état de douleur,
Et j'avance pas à pas.

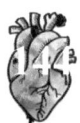

Le ciel de mon cœur

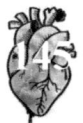

Le ciel de mon cœur

Déclic

Prise dans les filets de la noirceur en moi,
Je pensais que déverser mes émotions
Sur des milliers de pages
Aujourd'hui laissées à l'abandon,
M'aiderais à exorciser mes démons.
Les flots de colère, de rage,
Et de tourments profonds,
Emprisonnés dans les lignes
M'ont permis juste un temps
De croire en la guérison.
J'ai réalisé récemment,
Bien que cela fut bénéfique,
Je passais à côté des bons moments.
Occupée à ressasser un passé
Que rien ne peut changer,
Et gardant en mémoire
Seulement les mauvais côtés.
Les instants de joie et bonheur

Le ciel de mon cœur

Furent oubliés,

Noyés dans les abysses

De ma propre prison.

Aujourd'hui j'ai changé,

J'écris autrement.

Si l'envie me vient de noircir des pages,

Je n'écris plus tristesse et désespoir

En pôles positions,

J'écris amour et espoir,

Des mots par millions.

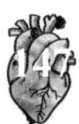

Âmes sœurs

Tu as fait irruption dans ma vie
À un moment où je ne m'y attendais pas.
Apparaissant comme par magie,
Tel un rayon de soleil transperçant le ciel morose.
Sur huit milliards de personnes,
On avait combien de chances
De croiser nos destins ?
Je ne savais pas jusqu'alors
Combien j'avais besoin de toi,
Et si je devais imaginer ce que ma vie serait sans ta présence,
Je n'y parviendrai pas.

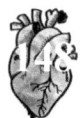

Le ciel de mon cœur

La vie d'artiste

La main vagabonde sur la toile blanche
Au gré des idées,
Elle danse,
Et formes et courbes se crées.
De nombreuses nuances,
Bronze, carmin et bleu givré,
Visibles en transparence
En couches superposées.

Enfin prendre du recul pour découvrir
Le visage construit.
Esquisser un sourire,
Joie du travail accompli.
Ce qui n'était qu'un souvenir
Est devenu une énergie,
Qui m'a aidé à construire,
À donner la vie.

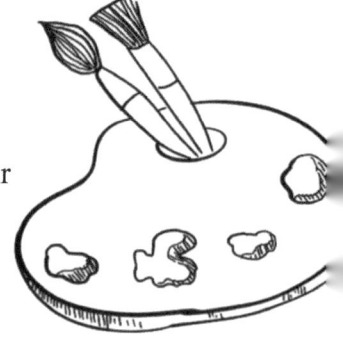

Le ciel de mon cœur

Le ciel de mon cœur

Elle

Elle dansait,

Tournoyant, virevoltant,

Comme une plume dans le vent.

Elle riait,

Comme une enfant,

D'un sourire si intense et si grand.

Elle brillait,

Aussi fort qu'une étoile,

Plus intensément qu'une aurore boréale.

Elle rayonnait,

D'une aura ancestrale,

Et dégageait un pouvoir magistral.

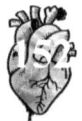

Le ciel de mon cœur

Elle aimait,

D'un amour tellement beau,

Plus brillant que le plus gros des joyaux.

Elle vivait,

Aussi librement qu'une nuée d'oiseaux,

Car elle voyait combien le monde est beau.

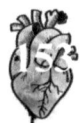

Vie

Tu es faite de petits moments,
Et de très grands instants,
Certains sont des plus importants,
Et d'autres insignifiants.

Tu es faite d'endroits à visiter,
De personnes à rencontrer,
D'œuvres d'art à contempler,
Mais aussi d'événements à apprécier.

Tu es la vie,
Parfois cruelle, parfois jolie,
D'amour, tristesse et peur tu nous remplies,
Mais ce sont tous ces instants qui font la vie.

Le ciel de mon cœur

Inaccessible

J'essaie de me persuader
Que rien ne pourra jamais se passer,
Mais j'ai en moi cette petite voix
Qui me dit d'aller vers toi.

J'ai envie de conversations infinies,
Chaque jour, chaque nuit,
Qu'on écrive ensemble une histoire
Pleine d'amour et d'espoir.

Comment lutter contre cette attirance,
Ce sentiment de confiance,
Me poussant vers tes bras
Dès que je t'aperçois.

Le ciel de mon cœur

La question que je dois me poser

C'est ai-je vraiment envie de lutter ?

Quand la seule chose dont j'ai envie c'est de toi,

Tout près de moi.

Le ciel de mon cœur

Kintsugi

J'ai une nuée de corbeaux dans le cœur,
Chacun m'apportant une nouvelle part de noirceur.
Je croyais m'en être débarrassée à présent,
Il faut croire que c'est faux ce qu'on dit sur le temps,
Il ne guérit pas les blessures,
Il ne fait que masquer les fêlures.

Vestiges d'un passé douloureux,
Mélanges de flots impétueux,
De colère, rage et tristesse,
M'enfouissant à toute vitesse.
Je me sens comme un objet brisé,
Dont les morceaux n'attendent qu'à être recollés.
J'ai envie de soigner mes cicatrices,
Reprendre le contrôle et ne plus être simple

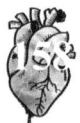

Le ciel de mon cœur

spectatrice.

Mon passé fait de moi celle que je suis,
Et tel décrit dans l'art Kintsugi,
Je veux transcender mes épreuves,
Les transformer, qu'elles m'abreuvent.
Qu'elles me rappellent que j'ai survécu,
À tous ces imprévus,
Je vais recouvrir mes blessures d'or
Car finalement elles ne sont pas un fardeau,
mais un trésor.

Mon tout

Tu es la main tendue,
Le regard bienveillant,
Le baiser réconfortant.

Tu es la branche à laquelle me raccrocher,
L'épaule pour pleurer,
L'endroit où aller.

Tu es ma piste d'atterrissage,
Ma bouée de sauvetage,
Mon phare dans l'obscurité.

Tu es la boussole qui me guide,
Le pansement pour me guérir,
L'amour indéfectible.

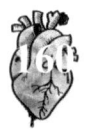

Le ciel de mon cœur

Amour toujours

Je ne rêve pas de contes de fées,
Je sais qu'ils n'existent pas.
Simplement d'une histoire
Dans laquelle ne règne pas
Violence et chaos,
Mais plutôt confiance,
Joie et honnêteté.
Je suis déjà tombée amoureuse,
Une fois.
Mais cette histoire était vouée à l'échec,
Dès le départ,
On le savait déjà.
Cela ne m'empêche pas de continuer,
D'espérer et croire,
Que je finirais un jour
Par trouver la personne
Qui me fera continuer à croire en l'amour.

Je suis là

Ta tristesse et tes peurs
Ne me sont pas inconnu,
Et quelques fois encore
Je reçois leurs visites impromptues.

Lorsque je perds le sommeil,
Ressens une détresse émotionnelle,
Et me sens vulnérable comme neige au soleil,
Mon comportement devient à nouveau
irrationnel.

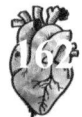

Le ciel de mon cœur

Je suis à fleur de peau,
Mais je me bats pour faire disparaître tous mes maux,
Car je sais ce que je vaux
Et que la vie est un cadeau.

Alors ne crains pas de briser
Les démons de ton passé,
Ne les laissent pas te paralyser,
Je serai toujours avec toi pour les affronter.

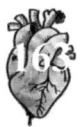

L'envie d'y croire

J'interprète tes paroles à mon encontre de mille façons,
En essayant de leurs donner un sens,
Celui qui me donnerait raison.
Un peu plus chaque jour grandi en moi l'espérance,
Que tes mots et tes regards
Ne sont pas qu'une illusion.

Le ciel de mon cœur

Être de lumière

J'en ai assez d'apprendre de la douleur,
J'ai envie d'en apprendre plus grâce au bonheur.
D'être guidée par une lumière,
Scintillante, brillante,
Aussi étincelante que mille soleils.

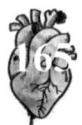

Liberté

Elle passe à travers les chemins sinistres et tortueux de sa mémoire,
Explore son passé dans l'espoir
De récupérer la clé de sa liberté,
Perdue il y a bien des années.

Avant tout était plus simple,
Sa vie n'était pas encore une complainte,
Faites de couplets de plus en plus obscurs,
Remplis de tristesse, de torture.

Elle se rappelle chaque fois où son cœur
S'était empli de noirceur,
Jusqu'à en devenir aussi dur
Que le diamant le plus pure.

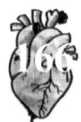

Le ciel de mon cœur

L'instant où il avait fini par se briser

Restera à jamais gravé

Dans son esprit

Comme le jour le plus dur de sa vie.

Elle plongeait au plus profond des abîmes,

Afin de résoudre cette énigme,

Celle de retrouver

Son identité passée.

Il fallait recoller tous les morceaux,

Mais comment faire dans ce noir couleur corbeau,

Comment y parvenir,

Sans se blesser et souffrir.

Elle crue un temps avoir réussi à réparer son cœur

Et oublier la douleur,

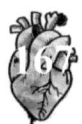

Mais le ciment
N'était pas assez résistant.

Il n'était fait que de faux-semblant et
d'illusions,
Ce qui n'empêchait pas l'érosion
De fêler
Ce cœur déjà fragilisé.

Elle comprit alors,
Que pour reconstituer son trésor,
Et ne plus se sentir comme un ange déchu,
Rien ne servait de revenir au début.

Tout était différent,
Plus comme avant.
Le passé ne pouvait être changé,
Il lui fallait avancer.

Le ciel de mon cœur

Elle affronta donc ses peurs les plus sombres,

Jusqu'alors cachées dans l'ombre,

Et un courage

Qu'elle ne voyait pas jailli de cet orage.

Plus rien ne semblait impossible,

Les battements de son cœur à nouveau audibles,

Car en se montrant vulnérable,

Son cœur acquis une force incroyable.

Elle était maintenant épanouie,

Capable de voir la magie

Et la beauté du monde

Son âme n'était plus vagabonde.

Plus d'esprit tourmenté

Par les fantômes de son passé,

Son cœur était rassemblé,

Et la clé de sa liberté retrouvée.

Le ciel de mon cœur

Le ciel de mon cœur

Partie III

Rencontre inattendue

Petits bonheurs

Les marches d'une église,

Petits instants hors du temps.

Blottis l'un contre l'autre,

Pour discuter du présent.

On reste dans cette bulle,

Rien que toi et moi,

Nos regards amoureux,

Et nos rires sans savoir pourquoi.

Soirée magique

Nous ensemble,

Sous la neige,

Main dans la main.

Le sentiment d'être seuls au monde,

Et nos pas qui résonnent dans la nuit calme.

Une connexion ineffable

Laisse une empreinte profonde,

Que rien ne pourra effacer

Pas même la neige qui fond.

Impatience

J'entends les cliquetis de l'aiguille trottant sans jamais s'arrêter.
Comment le temps peut-il être si rapide en apparence,
Mais si long en ressenti ?
Les heures passent une à une,
Je ne quitte pas cet indicateur précieux.
Un sentiment de folie m'envahit
À mesure que les secondes passent.
J'ai tellement hâte de te voir à mes côtés,
Que j'imagine le temps qui s'efface
Pour enfin sentir ta présence.

Le ciel de mon cœur

Je suis en train de guérir de mes blessures du passé car tu es entré dans ma vie à présent et je ne peux pas imaginer un avenir sans ta présence maintenant.

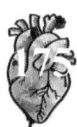

L'histoire de ta vie

J'ai envie de connaître ton histoire,
Pas seulement un résumé.
Raconte-la avec tes propres mots,
Pas avec ceux que les autres peuvent dire.
C'est ton histoire que je veux,
Du début jusqu'à présent,
Les bons moments comme les mauvais,
J'écouterais tout.
Car c'est l'histoire de ta vie,
Et aujourd'hui j'en fait partie.
Alors pour continuer à l'écrire ensemble
J'ai besoin de savoir comment tu es arrivé jusque-là.

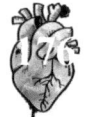

Le ciel de mon cœur

Le ciel de mon cœur

Ce que j'aime chez toi...

J'aime la manière dont tu me regardes,
Comme si le monde s'arrêtait.
Tu le fais comme personne.

J'aime la manière dont tes bras m'enlacent,
M'offrant ainsi un refuge.
Tu le fais comme personne.

J'aime la manière dont tu m'embrasses,
Baisers chargés de promesses silencieuses.
Tu le fais comme personne.

J'aime comment tu me fais rire aux éclats,
Avec cette magie que tu as en toi.
Tu le fais comme personne.

Le ciel de mon cœur

J'aime comment tu tiens ma main dans la tienne,
Comme une ancre dans la tempête.
Tu le fais comme personne.

J'aime la manière dont tu m'aimes,
Unique, sincère, infiniment.
Tu le fais comme personne.

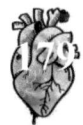

Un lien que seul toi et moi comprenons nous relie,
Quelque chose d'unique
Impossible à expliquer.
Une connexion si parfaite
Qu'elle nous semble évidente désormais.

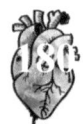

Le ciel de mon cœur

Dans tes bras

Je voudrais être avec toi,
Ma tête sur ta poitrine,
Et sentir ton cœur qui bat.
Avoir mon regard plongé dans le tien,
Que tu me sourisses simplement
Alors que nous ne faisons rien.
Oui, je voudrais être avec toi,
Et pour toujours,
Je veux sentir tes bras autour de moi.

4 saisons

Lors d'une chaude nuit d'été,
Je veux marcher dans les rues avec toi,
Me balader des heures durant à tes côtés
Et refaire le monde pas à pas.

Lors d'une pluvieuse journée d'automne,
J'ai envie d'être dans tes bras,
Entendre la pluie tomber
Pendant que je t'écoute me parler.

Le ciel de mon cœur

Lors d'un matin d'hiver,
Je veux jouer comme des gamins sous la neige,
Et sentir la chaleur d'un baiser
Déposé sur ma joue glacée.

Lors d'un doux jour de printemps,
J'ai envie qu'on rie aux éclats,
Passer tout mon temps avec toi
Et recommencer chaque saison.

Le ciel de mon cœur

À la poursuite de l'amour

Je me suis sentie différente pendant des années.
Avec des questionnements sans réponses,
Des espoirs brisés et des préjugés.
Sans cesse à me demander pourquoi
Je n'avais pas le droit moi aussi
De vivre les mêmes histoires racontées dans les livres.

J'en avait envie pourtant.
La tête remplie chaque soir
De scénarios imaginaires,
Me donnant l'impression d'être normale.
Je rêvais de rencontrer le grand amour,
Vivre une histoire incroyable.

Mais rien de tout cela n'était réel.
Je courais après l'amour des autres,

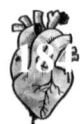

Le ciel de mon cœur

Car j'enviais l'idée d'avoir une personne à mes côtés,
Quelqu'un sur qui compter,
Alors même que je n'avais aucune idée
De ce qu'était l'amour en vérité.

Ça n'est que lorsqu'enfin j'ai pris conscience
Que chercher désespérément l'amour partout
Ne servait à rien,
Que j'ai compris qu'en faite
L'amour ne se cherche pas,
Il te trouve.

Le ciel de mon cœur

Un seul être arrive...

Il y a des gens,
Qui bouleversent toute ton existence
Par leur simple présence.

Il y a des gens,
Qui débarquent dans ta vie
Pour y apporter un peu de magie.

Il y a des gens,
Que jamais tu n'aurais pensé connaître
Et font maintenant partie de ton être.

Il y a des gens,
Et puis il y a toi,
Qui a fait tout ça à la fois.

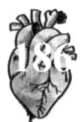

Le ciel de mon cœur

Conversation infinie

Peu importe si je suis fatiguée
Car toute la nuit on est restés éveillés,
Dans l'ombre de la nuit à discuter.
Je préfère rester auprès de toi
À parler de je ne sais quoi,
Le sommeil attendra.
La seule chose dont j'ai envie,
C'est que ce petit moment de vie
Soit infini.

Le ciel de mon cœur

Tu me manques

C'est donc ça,

Cette sensation.

Un mal désagréable,

Ressenti dans mon cœur

Qui fait couler les larmes.

Douleur intense et profonde,

Inconnue jusqu'alors

Et dans laquelle pourtant,

Je ne peux m'empêcher de trouver

Une part de beauté.

C'est peut-être comme cela qu'on sait

Que c'est l'amour, le vrai,

Lorsque se séparer est douloureux

Et que même si c'est juste un jour,

Le manque est déjà là.

Le ciel de mon cœur

La mélodie d'amour

Nous dansons dans les bras l'un de l'autre,

Tournoyant au rythme des notes de piano.

Et la lumière scintillante du soleil

Illumine ton regard merveilleux.

Nos pas s'entremêlent

Et font grincer le parquet,

Comme les craquements d'un vinyle

Un peu trop écouté.

Et dans ce moment précieux,

Chansons après chansons,

Les tempos de nos cœurs

S'ajustent parfaitement à l'unisson.

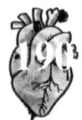

Le ciel de mon cœur

Une seconde

Quantité d'événements se produit chaque seconde.
Des étoiles meurent,
Des enfants viennent au monde,
Des gens ont peur,
Et des âmes deviennent vagabondes.

Une seconde ça peut paraître si court,
Mais quelques fois si long.
Faire un détour,
La prise d'une décision,
Ou commettre un acte de bravoure.

En une seconde tant de choses peuvent se passer.
Pour ma part la meilleure seconde de ma vie
Fut lorsque, sans hésiter,
Je n'ai plus réfléchi

Le ciel de mon cœur

Et que mes lèvres sur les tiennes se sont posées.

Les petites surprises de la vie

Les surprises qu'on adore,
Les rencontres inattendues,
Les nombreux trésors,
Se trouvant à portée de vue.

La vie est pleine de mystères
Qu'il nous faut encore décrypter,
Mais parmi tous sur Terre
C'est notre relation mon préféré.

Le ciel de mon cœur

Tes mots doux sont comme des câlins,
    Fait à mon âme chaque jour.
Une touche d'amour tous les matins,
    Que je garde pour toujours.

Bientôt près de toi

La chaise est vide pour le moment.
Bien que je sache qu'on se voit dans très peu de temps,
Te voir face à moi me manque tellement,
Et j'aimerais qu'il en soit autrement.
Je me réconforte en pensant
Au jour, à cet instant
Où mes bras te serreront si fort car je t'aime tant.

Le ciel de mon cœur

Ce que tu m'as appris

Je ne comprenais pas jusque là
Les gens ivres de sentiments,
Capable d'en parler durant des heures,
De raconter à tous leur bonheur,
D'avoir trouvé la personne
Ayant fait chavirer leur cœur
Avec un océan d'amour.
Maintenant je les comprends.
La passion et les petits moments,
Tous ces petits gestes semblant insignifiants,
Mais qui pour moi veulent dire beaucoup.
Toutes ces choses que je ne connaissais pas
Avant de te connaître,
Et me font t'aimer chaque fois.

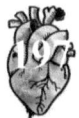

Le ciel de mon cœur

Le destin fait bien les choses,

Car s'il t'avait mis sur mon chemin

Quelques temps plus tôt,

Je ne serais pas en train d'écrire ces mots.

Le ciel de mon cœur

Avant toi

Avant toi,
Il y a eu un monde.
Il y a eu des rencontres faites,
Des bonnes expériences
Des mauvaises aussi.

Avant toi,
Il s'est passé tant de choses.
J'ai passé de bons moments,
Acquis des connaissances,
Vécu de durs instants.

Le ciel de mon cœur

Avant toi,

Il a fallu tout apprendre.

J'ai connu tant d'émotions,

Découvert des endroits inconnus,

J'ai eu tant de questions.

Avant toi,

Il y a eu un monde c'est vrai,

Et depuis que tu es là,

La seule chose qui m'importe

C'est la relation qu'on a toi et moi.

Le ciel de mon cœur

Lorsque je n'allais pas bien,
Que la vie me semblait morose
Et que je n'avais plus cette étincelle dans le regard,
Je n'ai pas eu d'ambulance.
On n'envoie pas de véhicule de secours
Lorsque ce qu'il faut soigner
C'est une âme égarée.
Mais la vie a été gentille,
Elle t'a envoyé sur ma route.
Pas dans le but de me guérir,
Je suis la seule à le pouvoir.
Elle t'a envoyé là,
Pour rallumer en moi
La flamme d'autrefois.

On n'envoie pas d'ambulance pour les âmes abîmées,
On envoie simplement la bonne personne
Qui nous fera retrouver notre éclat.

Le ciel de mon cœur

Tu es la plus belle surprise qui me sois arrivée.

-N'oublie jamais ça.

Le ciel de mon cœur

Quand je ferme les yeux,

Ton visage apparaît devant moi.

Et je ne peux m'empêcher d'esquisser

Un sourire léger.

Car je me dis que peut-être,

Tu es en train de faire de même

Lorsque tu trouves le sommeil.

Le ciel de mon cœur

Vient on créer notre univers,
Un endroit bien spécial
Rien que pour nous sur Terre,
Ou dans les étoiles.
On peut dépasser toutes les frontières,
Ça m'est égal.
Simplement j'espère
Qu'il sera phénoménal.

Le ciel de mon cœur

Le trottoir d'une rue paisible,

Le ciel un peu maussade,

Et tes larmes sur mon épaule.

Le ciel de mon cœur

> Je préférerais toujours
> Avoir mille conversations,
> Intenses et difficiles,
> Mais qui nous permettent
> D'avancer ensemble,
> Qu'une seule discussion,
> Peu profonde et dénuée de sens
> Menant à notre séparation.

Le ciel de mon cœur

Le battement lent de tes paupières
Lorsque tu plonges tes yeux dans mon regard qui pétille,
Fait vibrer mon cœur intensément.
La couleur noisette de ton iris,
Réchauffe mon âme comme un feu de cheminée brûlant dans la nuit.
La façon dont tu observes chaque détail de mon visage,
Me remplit de chaleur, d'amour et de douceur.

Entre nous,
Tout est simple.
Comme les nuances bleutées d'une radieuse pleine lune,
Tu insuffles de la magie en illuminant mon cœur.

Le ciel de mon cœur

Tu as peur de me perdre
Mais ne crains rien,
Car il a fallu du temps à nos cœurs
Pour se trouver.
Et je sais de source sûre,
Que désormais,
Ils ne vont pas se quitter.

Le ciel de mon cœur

La création d'une histoire

D'un coup de foudre momentané,
S'est développé des rendez-vous temporaires,
Puis des journées à être entrelacés,
Et une histoire légendaire.

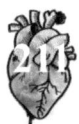

Le ciel de mon cœur

Et dans le jardin de notre amour
On plantera des milliers de fleurs,
Qu'on arrosera chaque jour de torrents de pluie.
On leurs apportera toute la chaleur nécessaire,
La beauté du ciel,
Pour qu'elles fleurissent toujours
Et témoignent de notre histoire.

Le ciel de mon cœur

Parle-moi de tes doutes,
De tes peurs,
Et tes plaies profondes,
Comme tu aimes me parler de l'amour que tu me portes.

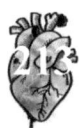

Le ciel de mon cœur

Je pourrais créer une galaxie entière pour y mettre tout mon amour.

Le ciel de mon cœur

Nous n'étions rien,
Au départ.
Rien d'autre que deux âmes vagabondes,
Vacant à nos occupations,
Chacun de notre côté,
Sans même se regarder.

Il aura suffi d'un instant,
Du bon moment,
Pour que nos regards enfin se croisent,
Et que nos esprits se rencontrent.
La suite de l'histoire,
Appartient au destin.

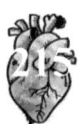

Le ciel de mon cœur

C'est peut-être dur à entendre,

Mais j'aime ressentir ce manque.

Le manque intense et profond de toi,

Lorsque tu n'es pas là.

Ne le prends pas mal,

C'est simplement que de cette façon

L'attente de te retrouver

Est encore plus présente.

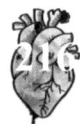

Le ciel de mon cœur

Je suis jalouse de toi quelquefois,
Parce que tu m'aimes bien plus que je ne m'aime moi.

Le ciel de mon cœur

J'apprends tous les jours,

Comment aimer.

M'aimer moi,

Aimer le monde,

Aimer la vie,

Pour t'aimer toi.

Nous parlerons d'amour,
En nous enlaçant.
Nous parlerons des étoiles,
En les contemplant.
Nous parlerons de la mer,
En nous baignant dedans.
Nous parlerons du futur,
En l'imaginant.
Nous parlerons de notre progéniture,
En la câlinant.

Le ciel de mon cœur

Les océans les plus rudes

Ne me font pas peur,

Les forêts les plus sombres

Ne me font pas peur,

Les montagnes les plus vertigineuses

Ne me font pas peur,

Les chemins les plus tortueux

Ne me font pas peur,

Mais ce que je crains le plus au monde,

C'est de voir mourir notre amour.

Le ciel de mon cœur

Le doux bruit des gouttes d'eau qui dansent sur mes fenêtres la nuit
Est une berceuse qui m'aide à dormir paisiblement au creux de tes bras.

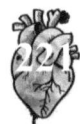

Le ciel de mon cœur

Quelquefois je nous imagine

À un âge avancé,

Nos visages marqués par le temps.

Nous sommes dans un jardin,

Entourés de fleurs et d'herbe chatoyante,

Assis sur une balancelle,

Et nous regardons nos petits-enfants jouer.

Leurs rires résonnent,

Et je revois en cette instant,

Tous les moments passés ensemble,

Qui auront menés jusque-là.

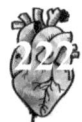

Le ciel de mon cœur

Tu es la première personne
Que j'ai autorisé à franchir
Les barrières bâties autour de mon cœur
Il y a des années,
Dans le but de me protéger.
À toi, je me suis entièrement dévoilée,
Montrant tantôt ma joie tantôt ma vulnérabilité,
Dévoilant enfin ma vraie identité.
Acceptant de ne pas garder le contrôle,
Pour me laisser aller à vivre pleinement.

Le ciel de mon cœur

Je t'ai confié mon cœur,

Lui qui avait déjà tant vécu,

Sans savoir que dans tes mains

Il serait réparé de toutes souffrances.

Rien ne m'aurait préparé

À tout l'amour que tu avais à offrir,

Je te suis reconnaissante

De m'avoir donné autant de temps.

Consciente que ce fut un dur labeur,

Et une mission ardue,

Pour réussir à traverser ce chemin

Mais en toi j'avais toute confiance.

Aujourd'hui nous sommes à jamais liés

Par un cadeau pour l'avenir,

Une histoire éblouissante,

Que l'on racontera à nos enfants.

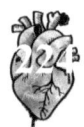

Le ciel de mon cœur

Un mois passé ensemble,
Cela nous a rapproché,
Renforcé notre complicité
Et aidé à évoluer.

Un mois à s'enlacer,
Dans des draps fraîchement lavés,
Pour plonger dans des songes
Remplis de bonheur et d'amour.

Un mois à apprendre,
Les envies et besoins de chacun,
Se découvrir d'une autre manière,
Pour s'aimer de la meilleure façon.

Un mois bien trop court,
Tant les instants furent intenses,
Mais je réalise maintenant
Que c'est ce que je souhaite à jamais.

Le ciel de mon cœur

Je me dis que notre histoire a quelque chose de sibyllin
Car jamais je n'aurais imaginé,
Pas même dans mes rêves les plus fous,
Vivre une relation si intense.

Je pensais que seules des romances éphémères et fugaces m'attendais,
Jusqu'au jour où mes oreilles ont entendu ta voix melliflue.
Ta présence luminifère,
En un instant a permis l'évanescence
De mes doutes et peurs intérieures.

Un amour éthéré est né entre nos regards,
Et une pléthore de sentiments a envahi nos cœurs à jamais.

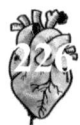

Le ciel de mon cœur

Et je pourrais encore écrire mille mots compliqués,
Pour exprimer l'amour que je te porte,
Mais finalement les mots les plus simples sont souvent meilleurs,
Alors laisse-moi te dire simplement,
Je t'aime tant.

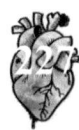

Le ciel de mon cœur

Tout ce que j'avais jusque là

C'était la solitude,

Un esprit tourmenté

Par des pensées intrusives,

Et la peur que cela soit toujours ainsi.

Puis j'en ai eu assez d'être seule,

Et je t'ai laissé entrer dans ma vie.

Tout a changé depuis.

Et aujourd'hui

Nous construisons notre famille.

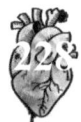

Le ciel de mon cœur

Qu'il est dur de grandir,
D'aimer, de pleurer.
Qu'il est dur de découvrir,
Ce qu'est la vie dans son entièreté.

Un processus de longue haleine,
Des recherches pendant des années.
Un travail non sans peine,
Qu'il faut sans cesse perpétuer,

Voici le dur labeur,
De toute mon histoire,
Qui m'a fait remplacer la peur,
Par l'espoir.

Le ciel de mon cœur

MIXTE
Papier issu de sources responsables
Paper from responsible sources
FSC® C105338